# MÉMOIRE

SUR

DIFFÉRENTES QUESTIONS

## D'ÉCONOMIE PUBLIQUE,

RELATIVES

A L'ÉTABLISSEMENT DES VOIES DE COMMUNICATION.

PARIS. — IMPRIMERIE ET FONDERIE DE FAIN,
Rue Racine, n°. 4, place de l'Odéon.

# MÉMOIRE

SUR

## DIFFÉRENTES QUESTIONS

# D'ÉCONOMIE PUBLIQUE,

RELATIVES

A L'ÉTABLISSEMENT DES VOIES DE COMMUNICATION;

### PAR M. COURTOIS,

INGÉNIEUR DES PONTS ET CHAUSSÉES.

# A PARIS,

CHEZ CARILIAN-GŒURY,

LIBRAIRE DES CORPS DES PONTS ET CHAUSSÉES ET DES MINES,

QUAI DES AUGUSTINS, N°. 41.

1833.

[illegible]

[illegible]

[illegible]

[illegible]

# MÉMOIRE

SUR

## DIFFÉRENTES QUESTIONS

## D'ÉCONOMIE PUBLIQUE,

RELATIVES

A L'ÉTABLISSEMENT DES VOIES DE COMMUNICATION.

L'ÉTABLISSEMENT des voies de communication, soit par terre, soit par eau, telles que routes, chemins de fer et canaux, présente plusieurs questions que l'on tranche ou décide d'une manière plus ou moins arbitraire, et qui sont cependant susceptibles d'une solution rigoureuse.

D'un seul principe, dont l'expression analytique permet de comparer les avantages qui doivent résulter de l'établissement de diverses voies de communication du même genre ou de genres différens, dérive la solution fort simple de différentes questions sur lesquelles il semblait que l'analyse ne dût pas avoir prise; telles sont les suivantes :

Dans quelle circonstance convient-il,

1°. De préférer l'établissement d'un chemin de fer à celui d'une route ou d'un canal, et plus généralement l'une de ces voies aux deux autres?

2°. De préférer une navigation en rivière à celle d'un canal en grande ou petite section? et généralement comment reconnaître le projet qu'il faut adopter parmi ceux qui paraissent d'une exécution aussi facile?

Enfin, plusieurs autres questions de ce genre, qui

sont importantes par les applications dont elles sont susceptibles.

. On a fait suivre la solution de ces diverses questions de quelques recherches sur l'établissement des canaux, leur tracé, la disposition de leurs biefs, et la hauteur de chute qu'il convient de donner à leurs écluses.

Ce mémoire ou exposé présentera donc deux parties distinctes ; la première , relative à l'établissement des voies de communication en général ; et la deuxième , relative à l'établissement des canaux de navigation.

I<sup>re</sup>. Section. — *Solutions de différentes questions sur l'établissement des voies de communication en général.*

Dans les différentes questions dont on va présenter la solution, on suppose que des motifs d'intérêt général ont déterminé le gouvernement à décider l'ouverture d'une nouvelle voie de communication pour réunir deux villes, pour établir des relations entre les populations de deux vallées, et en général que les points extrêmes sont seuls obligés , en sorte que l'ingénieur, chargé d'étudier les localités, reste libre de proposer le genre de voie et la direction qui lui parât la plus avantageuse pour réunir les points donnés.

On évitera d'entrer dans le détail des considérations qui portent le gouvernement à décider l'ouverture d'une nouvelle voie de communication ; ces considérations dépendent de questions d'économie politique , de données statistiques, et sont quelquefois mêlées de questions d'ordre public auxquelles l'art de l'ingénieur reste toujours étranger.

La décision relative à l'ouverture d'une nouvelle voie de communication est donc le seul fait qui précède le travail de l'ingénieur, dont les avant-projets ou études en masse ont quelquefois pour objet d'aider l'administration à prendre une détermination sur le genre de la voie de communication qu'il faut préférer; mais leur objet ordinaire est de faire connaître l'ensemble de la direction qu'il faut suivre.

Ceci bien convenu, l'on va s'occuper des différentes questions dont la solution fait l'objet de cette première section.

*Première question.* Lorsque, par des considérations d'ordre public et d'intérêt général, le gouvernement a décidé l'ouverture d'une nouvelle voie de communication entre deux points donnés, comment reconnaître le projet qu'il convient de préférer parmi tous ceux qui peuvent être proposés?

Dans l'art de l'ingénieur, comme en toute chose où l'on emploie la force, la vie ou le génie de l'homme, le but que l'on veut atteindre est toujours de produire le plus grand effet, en dépensant le moins possible des moyens dont on dispose, ou, ce qui revient au même, de retirer le plus grand avantage des moyens que l'on emploie. L'art consiste uniquement à trouver ce *minimum*, et il ne consiste que là; car la difficulté n'est pas toujours de faire, mais bien de faire le plus avec le moins, et quelquefois beaucoup avec peu.

Lorsqu'il s'agit d'établir une nouvelle voie de communication entre deux rivières, ou entre deux villes, le long d'une vallée, ou plus généralement entre deux points donnés, il existe toujours plusieurs projets qui satisfont à la condition principale, qui est de réunir les deux points, mais qui diffèrent entre eux par leur position, leur longueur, les frais d'exécution et d'entretien, et par le plus ou moins de facilité et de sûreté que le commerce peut y trouver. Parmi ces différens pro-

4

jets, il en existe un qui devra être préféré, qui est ce qu'on appelle le plus avantageux; donner les moyens de le reconnaître, est l'objet de ce qui va suivre.

On dit qu'une voie de communication procure beaucoup d'avantages lorsqu'elle est sûre, facile et courte; plus elle jouit de ces avantages, plus il y a de facilité pour le commerce; et, avec la même somme, on peut payer le transport d'une plus grande quantité de denrées.

Si l'on suppose différentes voies de communication établies entre deux produits donnés, que l'on compare ces différentes lignes en faisant abstraction des frais de leur premier établissement et de leur entretien, il est évident que la plus avantageuse sera celle sur laquelle on pourra transporter à meilleur marché une tonne de marchandise. Mais lorsqu'il s'agit d'établir une nouvelle voie de communication, on ne peut plus faire abstraction des dépenses de première exécution et d'entretien; car on doit chercher à retirer le plus d'avantages possibles des moyens que l'on emploie, et par conséquent reconnaître le projet le plus avantageux.

Afin de rendre le caractère du projet à préférer plus facile à déterminer, on appliquera le calcul aux considérations précédentes. Désignons par A une somme constante employée en transport sur différentes voies de communication aboutissant aux mêmes points, dont les longueurs, mesurées en kilomètres, soient $L$, $L'$, $L''$, etc.; soient encore sur chacune d'elles $p$, $p'$, $p''$, etc., les prix de transport par kilomètre; et $n$, $n'$, $n''$, etc., les quantités de tonnes de marchandise dont on peut payer le transport avec la même somme A, on aura nécessairement $A = nLp$, $A = n'L'p'$, $A = n''L''p''$, etc. Par conséquent, lorsqu'on peut faire abstraction des dépenses de première exécution et d'entretien, les quantités de marchandises que l'on peut faire transporter sur différentes voies de communication pour une même somme A, sont en raison inverse de leur prix de transport, c'est-à-dire que l'on a généralement $n = \dfrac{A}{Lp}$.

S'il s'agissait de déterminer la voie à préférer parmi différentes lignes de communication ouvertes entre deux points donnés, la valeur $n = \dfrac{A}{Lp}$ servirait à la faire reconnaître. Car, au moindre produit des quantités L et $p$, correspondrait la plus grande valeur de $n$, et par suite la communication la plus avantageuse. C'est ce petit calcul que fait le commerce lorsqu'il préfère le canal de Bourgogne au canal du Centre, pour les denrées qu'il expédie de Lyon vers Paris, et réciproquement.

Mais, lorsque l'on compare les différentes directions qu'il est possible de faire suivre à une voie de communication que l'on veut ouvrir entre deux points donnés, on ne peut plus faire abstraction des dépenses de première exécution et d'entretien; car on doit chercher à retirer le plus grand avantage des dépenses que l'on est obligé de faire. Pour arriver à ce résultat, il faut comparer l'effet à produire ou le transport à obtenir sur différentes voies de communication pour une même somme A, aux dépenses nécessaires à l'exécution et à l'entretien de chacune de ces lignes : on aura alors le rapport de l'effet à le cause, ou ce que l'on peut appeler la mesure de la quantité d'avantages que chacune de ces lignes peut procurer.

Désignons par D, D′, D″, etc., les dépenses dont il vient d'être question, les rapports $\dfrac{n}{D}$, $\dfrac{n'}{D'}$, $\dfrac{n''}{D''}$ mesureront les avantages de chacune des voies de communication qu'il est possible d'établir.



Si, dans le rapport $\frac{n}{D}$, on met pour $n$ la valeur $\frac{A}{Lp}$, il deviendra $\frac{A}{DLp}$, dans lequel les quantités $D$, $L$, $p$ varient d'une ligne de communication à une autre, tandis que la quantité $A$ est constante pour toutes les lignes qui réunissent les points donnés. Le rapport $\frac{A}{DLp}$ étant la mesure des avantages d'une voie de communication à ouvrir, il est nécessaire qu'il soit le plus grand possible ; et, comme la quantité $A$ est constante, on peut dire qu'au moindre produit des trois élémens $D$, $L$, $p$, correspondra le projet au *maximum* d'avantages.

Le projet dont il vient d'être question ne sera pas toujours celui qui méritera la préférence ; car il ne s'agit pas de faire jouir le commerce des plus grands avantages qu'il soit possible de lui procurer, mais bien de la plus grande quantité d'avantages pour une même dépense. C'est donc le projet qui satisfera à cette dernière condition qui sera à préférer ; nous allons en déterminer le caractère.



Les avantages d'un projet ayant pour expression $\frac{A}{DLp}$, la dépense totale, divisée par cette quantité, donnera le prix de l'unité d'avantages ; et le projet pour lequel ce rapport sera le plus petit possible, sera évidemment celui qui procurera le plus d'avantage pour une même dépense. Ce nouveau rapport ayant pour expression $\frac{D^2Lp}{A}$, dans lequel $A$ est constant, il en résulte que le projet à préférer est celui pour lequel la quantité $D^2Lp$ sera la plus petite possible.

Il résulte, des deux caractères que l'on vient de dé terminer, que quand deux projets présenteront des avantages égaux, celui dont la dépense sera la moins élevée procurera plus d'avantages pour une même dé pense, et méritera par conséquent d'être adoptée. En effet, si les avantages des deux projets sont égaux, on aura $DLp = D'L'p'$; mais $D$ étant plus petit que $D'$, on aura nécessairement $D^2Lp < D'^2L'p'$; par conséquent le projet, dont la dépense est $D$, procurera plus d'a vantages pour une même somme que celui dont la dé pense est $D'$, il devra donc être préféré.

Il résulte encore de ces deux caractères que, quand deux projets présenteront des avantages égaux pour une même somme, celui dont la dépense est la plus forte, présentant une quantité d'avantages plus consi dérable, devra par conséquent être adopté. En effet, si les deux projets présentent autant d'avantages pour une même somme, on aura $D^2Lp = D'^2L'p'$; mais $D$ étant plus grand que $D'$, donnera nécessairement $DLp < D'L'p'$; par conséquent le projet, dont la dé pense est $D$, présentant une plus grande quantité d'a vantages, devra être préféré.

*Deuxième question.* Dans quelles circonstances con- vient-il de préférer un chemin de fer à un canal, ou plus généralement l'une de ces voies aux deux autres?

Les considérations précédentes, s'appliquant à toute voie de communication, soit par terre, soit par eau, peuvent servir à comparer les avantages d'une route ou d'un chemin de fer, avec ceux d'un canal devant réu nir deux points donnés et traverser une même contrée.

Une route, un chemin de fer et un canal présente ront autant d'avantages, lorsque l'on aura pour les trois $DLp = D'L'p' = D''L''p''$ ; et si ces trois voies ont les longueurs sensiblement égales, il suffira que l'on ait $Dp = D'p' = D''p''$. Mais $D$ représentant les frais d'exécution et d'entretien d'un canal, $D'$ les frais analogues d'un chemin de fer, et $D''$ ceux d'une route, on aura toujours $D > D' > D''$ ; par conséquent, lorsqu'on aura $Dp = D'p' = D''p''$, on trouvera nécessairement $D^2p > D'^2p' > D''^2p''$. Ce qui veut dire que, lorsque les trois voies présentent la même quantité d'avantages, la route est celle qui procurera le plus d'avantages pour une même somme.

Si, au contraire, les trois voies présentent autant d'avantages pour une même somme, on aura $D^2p = D'^2p' = D''^2p''$, et par suite $Dp < D'p' < D''p''$ ; par conséquent, lorsque les trois voies présenteront autant d'avantages pour une même somme, le projet de canal sera le plus avantageux et méritera la préférence.

Si l'on admet que le prix moyen des frais de halage d'une tonne à un kilomètre soit sur un canal de $0^{fr}.015$, que sur un chemin de fer les frais de traction par tonne et par kilomètre soient moyennement de $0^{fr}.06$, et sur une route bien entretenue qu'ils s'élèvent seulement à $0^{fr}.240$ (1), et que l'on remarque que ces trois prix sont dans le rapport de 1 à 4 à 16, on trouvera que, pour qu'un canal présente autant d'avantages qu'un chemin de fer et qu'une route, il faut que l'on ait $D = 4D' = 16D''$, mais alors la route méritera la préférence comme présentant plus d'avantages pour une même somme.

Si, au contraire, les trois projets présentent autant

______

(1) Ces prix moyens sont généralement exacts, ils sont à peu près les mêmes que ceux déduits de différentes recherches, par MM. Lamé et Clapeyron, sur les travaux publics de France.

d'avantages pour une même somme, on aura $D^2 = 4D'^2 = 16D''^2$, ou $D = 2D' = 4D''$; mais alors le canal présente une plus grande somme d'avantages et doit être préféré.

Par conséquent, un canal, pour être préféré, ne doit pas coûter plus du double du chemin de fer de même longueur et du quadruple de la route ordinaire. Le prix de construction et d'entretien d'un kilomètre de route en bon état revenant à 40,000 fr., le chemin de fer qui coûterait plus de 80,000 fr., et le canal qui coûterait plus de 160,000 fr. par kilomètre, présenteraient moins d'avantages que la route.

Lorsqu'une route ordinaire est très-fréquentée, ou que son tonnage est considérable, les frais d'entretien augmentent, et peuvent s'élever à 1,500 fr. par kilomètre; cet entretien, capitalisé, peut être représenté par une somme de 30,000 fr.; les frais d'exécution d'un kilomètre de route royale, s'élevant moyennement à 30,000 fr., il en résulte que la somme nécessaire à l'exécution et à l'entretien d'un kilomètre d'une route royale très-fréquentée peut s'élever à 60,000 fr. Dans une circonstance semblable, un chemin de fer et un canal présenteront encore des avantages si leurs frais d'exécution et d'entretien ne s'élèvent respectivement qu'à 120,000 fr., et 240,000 fr. par kilomètre. Les résultats que l'on vient d'obtenir se modifieraient si l'on introduisait dans les prix de transport le droit de péage à percevoir pour couvrir les intérêts des capitaux engagés pour l'exécution et l'entretien de chacune des voies; mais, pour déterminer ce droit, il faudrait faire des suppositions sur la quantité probable de tonnes de marchandises susceptibles de passer sur chaque voie, suppositions qui ne pourraient être exactes qu'accidentellement et dans des localités bien connues.

Dans certaines localités, le tonnage peut être tellement considérable, qu'il soit avantageux d'établir en même temps un chemin de fer et un canal; alors les voyageurs et les denrées d'une grande valeur qu'il faut transporter avec une grande vitesse, autant pour diminuer les chances d'avaries que pour éviter une perte d'intérêt sur leur prix, prendront la voie du chemin de fer, tandis que les matières encombrantes et de peu de valeur suivront la voie du canal. Pour se rendre compte de la manière dont se fera le partage des denrées entre les deux voies, il faut faire entrer le temps comme élément dans le prix de transport, ou plutôt l'intérêt du capital des matières précieuses pendant la durée du trajet. Ce nouvel élément servira à déterminer le prix des denrées qu'il est indifférent de transporter sur le chemin de fer ou sur le canal; puis on en conclura qu'il est avantageux de transporter par le chemin de fer toutes les denrées d'un prix supérieur, et par le canal toutes celles d'un prix moindre.

Si l'on admet que la durée du trajet par kilomètre soit de $4'$ sur le chemin de fer, et de $24'$ sur le canal, que le droit à percevoir par tonne et par kilomètre soit de $0^{fr}.04$, et de $0^{fr}.08$ sur le canal; que l'on porte à 10 pour 100 l'intérêt des fonds engagés en marchandise pour tenir compte des bénéfices du négociant, et des pertes auxquelles il est exposé, on trouvera que, dans des circonstances telles que celles supposées, il est avantageux de transporter sur le chemin de fer toutes les denrées dont la valeur est supérieure à 1,314 fr. la tonne, et de préférer le canal pour le transport des denrées d'un prix moindre (1).

______

(1) Soit $a$ la valeur cherchée;

$\frac{1}{a}$ l'intérêt des capitaux engagés en marchandises;

*Troisième question*. Parmi les différentes voies de
communication du même genre que l'on peut établir

---

$d$, la durée du trajet sur un kilomètre de chemin de fer ;

$d'$, la durée du trajet sur un kilomètre du canal ;

$p$, les frais de halage d'une tonne à un kilomètre sur le chemin de fer ;

$p'$, les frais analogues sur un canal ;

$m$, le droit perçu, par tonne et par kilomètre, sur un chemin de fer ;

$n$, le droit analogue sur un chemin de fer.

Le prix total pour tous les frais d'une tonne de marchandise, dont la valeur est $x$, transportée sur un chemin de fer à un kilomètre de distance, sera par conséquent $p + \dfrac{dx}{a} + m$.

Le prix analogue sur un canal sera $p' + \dfrac{d'x}{a} + n$.

Pour que le commerce trouve autant d'avantages sur une voie que sur l'autre, on devra avoir $p + \dfrac{dx}{a} + m = p' + \dfrac{d'x}{a} + n$ (1), d'où

$$x = \frac{(p - p + m - n)a}{d' - d},$$

si l'on fait $p = 0{,}060$, $p' = 0{,}015$, $m = 0{,}04$, $n = 0{,}08$, $d = 4'$, $d' = 24'$, $\dfrac{1}{a} = \dfrac{1}{5.256.000}$, on trouvera $x = 1314$ fr.

On peut aussi se donner le prix $x$ de la marchandise, et chercher quelle pourrait être la différence des frais de transport, droits compris, sur le canal et sur le chemin de fer, pour que le commerce trouvât autant d'avantages sur une voie que sur l'autre.

Dans cette supposition, l'équation (1) donne $p' + n - (p + m) = \dfrac{x}{a}(d - d')$.

Si l'on admet que le prix de la marchandise soit de 20 fr. la tonne, ce qui est le prix ordinaire des houilles de première qualité au lieu de leur extraction, alors on trouvera $p + n - (p + m) = -0{:}000076$. C'est-à-dire que dans la supposition admise, les frais de transport sur le canal pourraient être supérieurs aux frais analogues sur le chemin de fer de 0fr..000076 par tonne et par kilomètre.

Si l'on admet toujours que les frais de traction $p$ sur un chemin de fer soient de 0fr..060, et seulement de 0fr..015 sur un canal, la différence des droits à percevoir par tonne et par kilomètre pourrait être de 0fr.045076, et pour 100,000 tonnes de 4,507fr.60 ; par conséquent, si le canal coûtait par kilomètre 90,142 fr. de plus que le chemin de fer, pour que l'intérêt de cet excédant de dépense fût assuré, il suffirait que le tonnage sur le canal s'élevât seulement à 100,000 tonnes par année, ou à 1,000 bateaux de 100 tonnes.

pour réunir deux points, quelle est celle qu'il convient de préférer ?

On a vu précédemment que le projet qui procurera le plus d'avantages pour une même somme, est celui pour lequel le produit $D^2Lp$ sera le plus petit possible. La détermination du projet le plus avantageux ne dépend donc que des trois élémens $D, L, p$ ; ces élémens sont en général assez faciles à déterminer, et avec un peu de patience on peut avoir des aperçus assez approchés pour faire connaître le projet qui correspond au moindre produit $D^2Lp$, et qui doit par conséquent être préféré et étudié dans toutes ses parties.

Dans le cours de l'année 1823, je fus chargé de l'étude du projet de la ligne navigable que l'on était sur le point d'établir dans la vallée de l'Aisne, entre Semuy et Neufchâtel ; l'examen attentif des localités, auquel je me suis livré, me fit reconnaître qu'il était possible d'établir dans la vallée cinq lignes navigables, différant entre elles par leur mode de navigation et leur position, on pouvait :

1°. Rendre la rivière navigable ;

2°. Établir un canal latéral sur le côté droit de la vallée ;

3°. Établir, sur le même côté, un système de dérivations ou parties de canal comprises entre des parties de rivière ;

4°. Enfin, établir sur le côté gauche de la vallée un autre système de dérivations.

Le canal latéral, sur le côté gauche de la vallée, avait paru impossible par l'énormité des dépenses que l'on devait être obligé de faire pour ouvrir sur plusieurs points un nouveau lit à la rivière d'Aisne, et la rejeter sur le côté droit, afin d'établir la ligne navigable dans le lit même que cette rivière occupe au pied de coteaux escarpés.

Les cinq projets dont il vient d'être question ayant été étudiés dans tous leurs détails, et les élémens D,L,*p* ayant été déterminés avec soin pour chacun d'eux, j'avais trouvé : 1°. que le projet du canal latéral à droite, dont l'exécution ne devait coûter que 2,750,000 fr., était le plus avantageux, et qu'en représentant ses avantages par 100, ceux de la navigation en rivière ne s'élèveraient qu'à 37.64, et que l'adoption de ce mode causerait une perte de 3,272,900 fr.; 2°. que les avantages du système de dérivations, qu'il était possible d'établir sur le côté droit de la vallée, s'élèveraient à 83.75, et que l'adoption de ce système causerait une perte de 699,875 fr.; 3°. que les avantages du système de dérivations, qu'il était possible d'établir sur le côté gauche, s'élèveraient seulement à 53.76, et que l'adoption de ce système causerait une perte de 2,135,600 fr.

Un mémoire sur ce travail fut remis à l'administration à la fin de l'année 1823, mais des considérations d'ordre militaire, sous le rapport du système de défense, obligèrent à faire exécuter le projet des dérivations à gauche ; depuis lors, les faits sont malheureusement venus confirmer l'exactitude de nos déductions sur les inconvéniens du projet adopté, et sur les suites funestes de son exécution.

*Quatrième question.* Lorsqu'une ou plusieurs communes, une compagnie, quelques particuliers, désirent exercer une certaine influence sur la direction d'une nouvelle voie de communication, dans quel rapport les nouveaux intéressés doivent-ils contribuer à la dépense ?

On a déterminé précédemment le caractère de la préférence qu'il fallait accorder à un projet de voie de communication, soit par terre, soit par eau, rédigé d'après des conditions données et dans des vues d'intérêt général. Si une commune, ou une compagnie étrangère d'abord à la première conception du projet, désire ensuite exercer quelqu'influence sur la direction et l'établissement de la nouvelle voie, les données primitives étant changées, il en résulte un nouveau projet différent du premier, et dont les avantages seront moindres ou le prix plus élevé; cette perte d'avantages, ou cette augmentation de dépense ayant lieu dans l'intérêt du nouveau concurrent, devra être supportée par lui; il faut donc déterminer le rapport dans lequel il devra contribuer aux avances nécessaires à l'exécution de la nouvelle voie.

$D$, $L$ et $p$ étant les élémens du premier projet, $D'$, $L'$, $p'$ ceux du second, on a vu que $\dfrac{A}{DLp}$ et $\dfrac{A}{D'L'p'}$, représentent les avantages respectifs des deux projets; la perte ou différence des avantages est alors de $\dfrac{A}{DLp} - \dfrac{A}{D'L'p'}$. Les fonds consacrés par l'état à l'établissement de la nouvelle voie doivent être en rapport avec les avantages de cette voie; or, pour l'exécution du premier projet, dont les avantages étaient $\dfrac{A}{DLp}$, l'état devait fournir la totalité des dépenses représentées par $D$; soit $Y$ la somme qu'il devra fournir pour l'exécution du second projet, dont les avantages ont pour expression $\dfrac{A}{D'L'p'}$, on aura, pour déterminer $Y$,

$$D : Y :: \frac{A}{DLp} : \frac{A}{D'L'p'}, \text{ d'où } Y = \frac{D^2 Lp}{D'L'p'}.$$

Mais $D'$ représentant la somme nécessaire à l'exécution

du second projet, pour laquelle l'état devra contribuer pour une somme $Y$, $D' - Y = \dfrac{D'^2L'p' - D^2Lp}{D'L'p'}$ représentera donc la contribution que les communes devront fournir. Toute commune qui refuserait cette contribution, devrait renoncer à exercer la moindre influence sur la direction d'une voie de communication, à l'exécution de laquelle elle n'est appelée à concourir que comme le reste des contribuables.

Si ce principe était rigoureusement appliqué, combien de particuliers, qui mettent en avant l'intérêt des communes, cesseraient de fatiguer l'administration de réclamations sur des projets contre l'exécution desquels ils n'ont souvent que trop d'action?

Afin de rendre plus sensibles les conséquences de ce qui précède, on va en faire l'application à un projet de route.

Supposons que le projet d'une route, qui doit réunir deux villes, ait été étudié dans des vues d'intérêt général, de manière à rendre les dépenses moins fortes, le trajet plus facile et plus court, et de manière à éviter une commune que l'on ne pouvait traverser sans augmenter d'une quantité $\delta$ la longueur du parcours. Admettons encore que cette commune, au lieu de se contenter d'un embranchement, réclame contre le tracé du projet, demande à être traversée par la route, et offre de contribuer à la dépense, de manière à compenser la perte des avantages que ce changement de disposition peut occasioner; il s'agit de déterminer quelle doit être la contribution de cette commune. Le montant de cette contribution est donné par la formule $D' - Y = \dfrac{D'^2L'p' - D^2Lp}{D'L'p'}$; admettons, pour simplifier, que le nouveau tracé ne présente pas plus de difficulté que le premier, en sorte que les frais $d$ d'exécution et d'entretien par kilomètre soient sensiblement égaux sur chaque direction, on aura donc $D=dL$, et $D'=d(L+\delta)$. Admettons encore que le nouveau tracé ne rencontrant pas de côtes sensiblement plus rapides que celles du premier projet, les frais de traction soient aussi sensiblement égaux, on aura aussi $p=p'$, et la formule précédente deviendra $D'-Y=\delta d\left(2+\dfrac{\delta}{L}\right)$.

Par conséquent, dans les circonstances les plus favorables, ou lorsque la dépense croît proportionnellement à la longueur, la contribution du nouvel intéressé doit toujours être supérieure au double de l'accroissement des dépenses; car le rapport $\dfrac{\delta}{L}$, quelque petit qu'il soit, ne sera jamais nul; il sera donc plus avantageux de faire un embranchement pour la commune intéressée, tant que la dépense nécessaire à son exécution ne dépassera pas le double de la différence entre les dépenses des deux projets.

Si le nouveau tracé obligeait à gravir un coteau, le prix de traction, et par conséquent la contribution serait plus considérable; elle augmenterait encore si le nouveau tracé rendait nécessaire l'établissement d'ouvrages d'art plus nombreux ou plus importans.

*Cinquième question.* Lorsqu'il s'agit d'un canal de navigation, quelle est la condition qui rend un canal en grande section préférable à un canal en petite section, ou la grande navigation préférable à la petite?

Pour reconnaître quand il faudra préférer un canal en grande section à un canal en petite section, ou réciproquement, il faut observer que des trois élémens $D$, $L$, $p$, la quantité $L$ est commune aux deux projets, la quantité $D$ est moindre dans le système de la petite navigation que dans celui de la grande, et que l'inverse a lieu par rapport à la quantité $p$; les petits bateaux exigeant proportionnellement des frais de halage plus considérables que les grands.

Lorsque l'on aura $D^2p = d^2P$, les deux systèmes présenteront autant d'avantages pour une même dépense; mais, dans cette supposition, on aura $Dp < dP$, puisque $D$ est toujours plus grand que $d$; c'est-à-dire que la grande navigation présentera plus d'avantages que la petite. Par conséquent, lorsque les deux projets présenteront autant d'avantages pour une même dépense, le projet de la grande navigation devra être préféré.

Lorsque l'on aura $\dfrac{A}{DLp} = \dfrac{A}{dLP}$, ou simplement $Dp = dP$, les avantages des deux systèmes seront égaux; et, sous ce rapport, le choix sera indifférent. Mais le projet, qui procurera le plus d'avantages pour une même somme, ayant pour caractère le moindre produit $D^2p$; si l'on a $Dp = dP$, on aura nécessairement $D^2p > d^2P$, puisque $d$ est plus petit que $D$. Par conséquent, lorsque les avantages des deux projets sont égaux, le canal à petite section doit être préféré; le canal à grande section ne devient préférable que quand on a $\dfrac{D^2}{d^2} = \dfrac{P}{p}$, et il faut que $\dfrac{D^2}{d^2}$ soit plus petit que $\dfrac{P}{p}$ pour qu'il y ait un avantage marqué à préférer le canal à grande section.

Si l'on admet que $p$ soit égal à 0.015, et P à 0.20, il en résultera que le canal en grande section ne devra coûter que les $\frac{7}{6}$ du prix du canal en petite section, pour mériter la préférence.

*Sixième question.* Lorsqu'il s'agit d'un canal, dans

quelle circonstance convient-il d'ouvrir une tranchée ou un souterrain pour abréger le trajet en remplaçant un contour ?

Soient L la longueur du contour, L' celle de la tranchée, L″ celle du souterrain, pour qu'il y ait égalité d'avantage pour une même somme, il faut que l'on ait

$$D^2 L p = D'^2 L' p = D''^2 L'' p,$$

et si l'on représente par $d, d', d''$ les dépenses par kilomètre, on devra avoir

$$d^2 l^3 = d'^2 l'^3 = d''^2 l''^3.$$

Comparons d'abord le contour avec le souterrain pour lesquels on a $d^2 L^3 = d''^2 L''^3$, ou $\dfrac{d^2}{d''^2} = \dfrac{L''^3}{L^3}$, ou encore $\dfrac{d}{d''} = \dfrac{L''^{\frac{3}{2}}}{L^{\frac{3}{2}}}$.

Si l'on admet que le prix d'exécution et d'entretien d'un canal, tracé suivant la ligne de moindre section, soit de 60 fr. par mètre courant, et que celui d'un souterrain soit de 750 fr. aussi par mètre courant, on aura

$$L = L'' \sqrt[\frac{3}{2}]{\frac{75}{6}} = 5.39.L''.$$

Par conséquent, dans la supposition admise, un souterrain, pour être avantageux, ne doit pas avoir le cinquième de la longueur du contour qu'il doit remplacer.

Comparons maintenant un canal en tranchée avec la portion du contour qu'il doit remplacer ; dans des circonstances ordinaires, le prix d'une tranchée peut être d'environ cinq fois celui d'une égale longueur de canal en moindre section, on a donc

$$\frac{d'}{d} = 5, \text{ d'où } L = L' \sqrt[\frac{3}{2}]{1} = 2.92 L'.$$

Par conséquent, dans la supposition admise, une tranchée, pour être avantageuse, ne doit avoir que le tiers ou moins du tiers de la longueur du contour.

*Septième question.* Lorsqu'il s'agit d'une rivière à rendre navigable, dans quelle circonstance convient-il d'abandonner une partie de son lit pour la remplacer par un redressement ou par une partie du canal?

Si $d$ représente la dépense, par mètre courant, pour régulariser et mettre en bon état de navigation une partie de rivière dont la longueur est $l$; que D soit la dépense par mètre courant pour ouvrir un redressement dont la longueur est L; le prix de halage étant commun, pour que les deux projets présentent autant d'avantages pour une même dépense, on devra avoir $d^2l^3 = D^2L^3$, le redressement sera avantageux si $d^2l^3$ est plus grand que $D^2L^3$; il faudra y renoncer si $d^2l^3$ est plus petit que $D^2L^3$.

Si le rapport $\dfrac{d}{D}$ était de $\frac{1}{5}$, celui de $\dfrac{L}{l}$ serait de $\frac{1}{3}$ environ, c'est-à-dire que quand la dépense, pour ouvrir un redressement de rivière, est quintuple de celle nécessaire pour régulariser une égale longueur de partie de rivière, ce redressement, pour être avantageux, doit avoir une longueur moindre que le tiers de la partie de rivière qu'il doit remplacer.

Lorsque l'on veut remplacer une partie de rivière par une partie de canal ou dérivation, il faut alors avoir égard aux ouvrages qu'il eût été nécessaire d'établir dans la rivière, et à ceux qu'il faut établir dans la dérivation; A et $a$ étant les prix de ces ouvrages, pour que la dérivation soit avantageuse il faut que l'on ait $\dfrac{(A + DL)^2}{(a + dl)^2} < \dfrac{lp}{LP}$, ou $\dfrac{A + DL}{a + dl} < \sqrt{\dfrac{lp}{LP}}$; elle sera désavantageuse, et il faudra y renoncer lorsque l'on aura $\dfrac{A + DL}{a + dl} > \sqrt{\dfrac{lp}{LP}}$.

En suivant la même marche, on déterminera avec facilité quand il est avantageux de faire à une route des rectifications importantes et d'en adoucir la pente. On trouvera également, quand il conviendra, de remplacer une côte en tranchée par un contour.

Telles sont les différentes questions dont nous nous sommes occupé ; elles nous semblent résoudre les principales difficultés que présente le choix d'un projet de voie de communication, et doivent rendre ce choix plus facile à faire.

II<sup>e</sup>. Section. — *Considérations sur les canaux de navigation, et solutions de différentes questions relatives à leur établissement.*

On distingue deux espèces de canaux, le canal à point de partage qui traverse un faîte pour réunir deux vallées ou deux rivières, et le canal latéral qui suit la direction d'une vallée, d'une rivière ou d'un ruisseau ; mais cette distinction a peu d'importance, puisqu'un canal à point de partage est toujours formé par la réunion de deux canaux latéraux à pentes opposées.

Le canal à point de partage est souvent exposé à manquer d'eau, car il n'est pas toujours facile de réunir, sur le faîte qu'il traverse, le volume d'eau nécessaire à son alimentation ; le canal latéral n'est sujet au même inconvénient que lorsqu'il suit le cours d'un ruisseau qui est à sec, ou d'un produit très-faible pendant les chaleurs ; mais il est rare que, dans cette circonstance, il ne soit pas l'une des branches d'un canal à point de partage.

Pour considérer l'art de projeter les canaux dans son ensemble, on s'occupera des principaux objets relatifs au projet d'un canal à point de partage ; on donnera donc le moyen de reconnaître le point de partage, qui est celui où il convient de traverser le faîte qu'il s'agit de franchir ; puis on déterminera le volume d'eau nécessaire à l'alimentation d'un canal, en indiquant succinctement les moyens de se procurer ce volume, soit en le tirant des cours d'eau, soit en le mettant en réserve pendant la saison des pluies ; enfin, on entrera dans les détails relatifs au tracé, à la disposition des biefs, et à la hauteur de chute à donner aux écluses.

### § 1ᵉʳ. *Détermination du point de partage.*

Le point de partage d'un canal est ainsi nommé, parce que, se trouvant sur le faîte qui sépare deux vallées, les eaux, que l'on peut y réunir, se partagent entre les deux branches du canal sans pouvoir passer de l'une dans l'autre.

Puisque le point de partage doit se trouver sur le faîte qui sépare deux vallées, il est important de reconnaître *à priori* les principales inflexions de ce faîte, afin de faire passer le canal sur la moins élevée, et par conséquent sur la plus facile à franchir et à approvisionner d'eau.

Pour déterminer les principales inflexions d'un faîte, les cartes topographiques peuvent être d'un grand secours ; en effet, lorsqu'un ruisseau coule parallèlement à un faîte, il est en général probable que le faîte suit à peu près la pente du ruisseau, à moins qu'il n'y ait sur l'autre versant du faîte un ruisseau dont sa pente soit en sens inverse de celle du premier, *fig.* 1.

Lorsque deux ruisseaux, un sur chaque versant, coulent dans le même sens parallèlement à un faîte *fig.* 2 , alors le faîte s'infléchit dans le même sens que la pente des ruisseaux. Ce qui était probable, dans la première supposition , acquiert ici toute certitude.

Lorsque deux ruisseaux, un sur chaque versant, après avoir suivi la direction d'un faîte sur une certaine étendue, se retournent brusquement en formant deux angles opposés au sommet, *fig.* 3 , cela indique que le faîte, après s'être infléchi, se relève et oblige les cours des deux ruisseaux à changer de direction. Alors, sur la ligne qui réunit les deux angles du cours d'eau , le faîte présente une inflexion plus ou moins considérable.

Enfin , lorsque quatre ruisseaux coulent deux à deux en pentes, opposées sur chaque versant , puis se retournent brusquement après s'être réunis , le point d'inflexion est alors parfaitement caractérisé , et est moins élevé que tous ceux qui ne présentent pas cette disposition avantageuse , *fig.* 4 (1).

L'inspection des cartes topographiques ayant fait reconnaître les principales inflexions d'un faîte, l'examen des lieux et quelques observations barométriques, servent ensuite à déterminer celle de ces inflexions qui est la moins élevée , et qui , par conséquent , convient le mieux pour l'établissement du point de partage d'un canal.

§ 2. *Du volume d'eau nécessaire à l'alimentation d'un canal et des moyens de se le procurer.*

La quantité d'eau nécessaire au service d'un canal dépend de différens élémens dont plusieurs sont susceptibles d'une appréciation rigoureuse , mais dont les autres varient avec les localités , et ne peuvent être déterminés qu'approximativement et par comparaison

---

(1) Les raisons géométriques de ces faits ont été clairement exposées par le célèbre Brisson , dans son ouvrage sur les canaux.

avec des observations faites sur les canaux établis depuis long-temps.

La dépense d'eau, pour alimenter un canal pendant
une année, se compose :

1°. Du volume d'eau nécessaire au remplissage des
biefs après le chômage qui a lieu chaque année au mo-
ment de l'étiage, pour le curage et les réparations ;

2°. De la perte d'eau causée par l'imbibition qui
a lieu lorsqu'on remplit le canal après le chômage
annuel ;

3°. De la dépense d'eau causée par le passage des
bateaux ;

4°. De la perte causée par l'évaporation ;

5°. De la perte causée par les filtrations ;

6°. Enfin, de la perte causée par le passage de l'eau
à travers les joints des portes.

Nous allons chercher à apprécier chacune de ces
causes de dépense ou de perte.

L étant la longueur du canal, $l$ la largeur de la voie
d'eau, et $h$ une hauteur moyenne telle que $lh$ représente la section, $Llh$ sera l'expression du volume d'eau
de remplissage du canal. *Volume d'eau de remplissage du canal.*

Lorsqu'on remplit le canal après le chômage annuel,
les talus desséchés et fendillés par l'action de l'air et
de la chaleur, s'imbibent et absorbent une première
fois une partie du volume d'eau de remplissage que l'on
peut représenter par $\dfrac{Llh}{r}$. Cette perte, causée par l'imbibition, est ordinairement évaluée au tiers du volume de
remplissage. *Perte causée par l'imbibition.*

S'il ne doit pas se trouver de sas accolés sur le canal,
la dépense causée par le passage des bateaux est facile à
déterminer, en effet, si l'on représente par E le volume de
l'éclusée qui a la plus grande hauteur, et par $n$ le nombre *Dépense causée par le passage des bateaux.*

moyen probable des bateaux qui doivent passer chaque jour au point de partage, la dépense diverse causée par le passage des bateaux aura pour expression $2nE$, et pour 335 jours de navigation elle sera $670\,nE$.

Perte causée par l'évaporation.

Pour évaluer exactement les pertes causées par l'évaporation, il faut connaître, dans la localité où l'on se trouve, de combien est, dans une année, l'évaporation par mètre quarré il faut aussi connaître la quantité d'eau qui tombe en pluie, la perte effective est la différence entre ces deux quantités qui varient d'une localité à une autre (1).

Si $m$ représente la perte par hectare et par année, déduction faite des pluies, causée par l'évaporation, la superficie de la voie d'eau exprimée en hectare étant de $\dfrac{Ll}{10,000}$, la perte causée par l'évaporation aura pour expression $\dfrac{mLl}{10,000}$. Cette perte est moyennement en France de $8,000^{m}.00$ par hectare et par année.

Perte causée par les filtrations.

Les filtrations sont la plaie des canaux ; dans les premiers temps de leur établissement, elles absorbent toute l'eau qu'on y verse, mais au bout de quelque temps elles diminuent, mais sont rarement moindres que $500^{m}.00$ par hectare et par jour. Si nous représentons généralement cette perte par $f$, elle sera pour tout le canal $\dfrac{fLl}{10,000}$, et pour 335 jours de navigation $\dfrac{335fLl}{10,000}$

Perte causée par les joints des portes des écluses.

La perte causée par les joints des portes des écluses

---

(1) A Paris, l'évaporation varie moyennement de 1.30 à 1.50 par année, et la pluie de 0.50 à 0.55, en sorte qu'il reste 0.70 à 0.95 de perte.

se réduit au volume d'eau qui s'échappe des premiers ventaux, car cette eau, tombant dans le second bief, suffit pour couvrir la perte de ses portes. Lorsque les portes sont bien construites, cette perte peut se réduire à $150^m.00$ par jour; représentons-la généralement par $p$, pour 335 jours de navigation elle sera $335p$.

Le volume d'eau nécessaire au service d'un canal aura donc pour expression générale

$$L l \left( \frac{(1+r)}{r} h + \frac{m + 335f}{10,000} \right) + 670 \left( nE + \frac{p}{2} \right),$$

ou en adoptant les nombres admis généralement

$$L l (1.33 h + 17.55) + 670 (nE + 75).$$

Si l'on veut seulement connaître le volume d'eau qu'il est nécessaire de faire arriver au point de partage, il suffit de mettre pour L la longueur des parties de canal qui doivent être alimentées par le premier bief, ou celle des parties comprises entre le point de partage et les premiers réservoirs ou ruisseaux, dont les produits peuvent suffire pour réparer les pertes causées par l'évaporation et les filtrations.

Maintenant que l'on connaît le volume d'eau qu'il est nécessaire de faire arriver dans le bief de partage, pour assurer l'alimentation du canal, il reste à indiquer les moyens de se le procurer.

Si des cours d'eau se trouvent à proximité du point de partage, il faut reconnaître le produit qu'ils sont susceptibles de donner pendant la durée de l'étiage, en un point de leur cours dont le niveau soit plus élevé que celui du bief de partage.

Si le produit diurne d'étiage de tous les ruisseaux

dont il soit possible de conduire les eaux dans le bief de partage est plus grand que

$$\frac{Ll\,(1.33h + 17.55) + 670\,(nE + 75)}{335} =,$$

ce produit sera suffisant pour alimenter le canal; mais si les cours d'eau supérieurs au point de partage sont à sec ou d'un faible produit pendant l'étiage, alors il faudra établir un ou plusieurs réservoirs pour recevoir pendant la saison des pluies le volume d'eau qui manque pendant la sécheresse.

Si les basses eaux durent ordinairement le tiers de l'année, et que pendant ce temps les ruisseaux supérieurs, au point de partage, soient complétement à sec, le volume d'eau qui devra se trouver dans les réservoirs aura pour expression

$$\frac{Ll}{3}\,(1.33h + 17.55) + \frac{670\,(nE + 75)}{3}.$$

En général, pour déterminer le volume d'eau à mettre en réserve, il faudra jauger les ruisseaux pendant tous les jours de la durée des sécheresses, faire la somme de tous les produits diurnes moindres que la dépense nécessaire au service journalier du canal, puis retrancher cette somme de la dépense du canal pendant le même temps : la différence sera le moindre volume d'eau qu'il faudra avoir en réserve. Ce volume d'eau étant déterminé, on cherchera, dans le vallon qui reçoit les eaux d'une plus grande étendue de terrain, l'emplacement du réservoir à établir. Il faut pouvoir recueillir les eaux pluviales qui tombent sur 800 hectares de terrain, pour mettre en réserve un million de mètres cubes d'eau. Si le réservoir peut recevoir les eaux d'une superficie plus étendue, cela n'en vaudra

que mieux ; mais si cette superficie était moins considérable, le réservoir se remplirait trop lentement.
Quant à la forme de l'emplacement qu'il faudra choi-
sir, il est convenable que la pente du vallon, sur la longueur de cet emplacement, ne soit pas plus forte
que $\frac{1}{100}$ ; il faut encore que le vallon soit resserré vers
le point où la digue du réservoir doit être établie, et
qu'il s'élargisse le plus possible dans la partie destinée
à former sa capacité.

Il arrivera souvent que les vallons ne présenteront
que des emplacemens qui seront tels, qu'avec une digue de 20 mètres de hauteur on ne puisse obtenir
qu'une capacité d'un million de mètres cubes ; alors il
faudra établir autant de réservoirs que l'on aura de
millions de mètres cubes d'eau à tenir en réserve. Le
choix et la position du point de partage étant bien ar-
rêtés, et les moyens d'alimentation bien reconnus, on
s'occupe alors du tracé de chacune des branches du
canal.

### § 3. *Considérations sur le tracé des canaux.*

Lorsque l'on trace un canal, on suit ordinairement
la forme du terrain, de manière à avoir presque sur
tous les points la section du déblai égale à celle du
remblai ; mais généralement le tracé que l'on détermine
ainsi n'est pas le plus convenable. En effet, le volume des déblais dépend de deux élémens que l'on peut
faire varier à volonté ; le premier est la longueur, le
second est la section. De cette observation résulte
deux modes pour déterminer le tracé d'un canal ; le
premier consiste à se donner le profil de moindre section, ou celui dont la surface du déblai est égale à celle
du remblai, et à chercher sur le terrain la ligne de niveau qui correspond à ce profil ; le tracé que l'on ob-

tient ainsi correspond à la plus petite section et à la plus grande longueur.

Le second mode consiste à se donner la plus petite longueur, sans s'occuper de la surface du profil qui se trouve être une conséquence de la forme du terrain.

Mais, par ces deux modes, on n'obtient ni le tracé dont le cube des déblais est le moindre, ni le tracé le plus avantageux; car il est évident que la ligne de moindre déblai ne se confondra qu'accidentellement avec le tracé de plus grande ou avec celui de plus petite longueur, et qu'elle leur sera généralement intermédiaire.

Nous allons indiquer le moyen de reconnaître le tracé de moindre déblai, nous nous occuperons ensuite du tracé le plus avantageux.

*Tracé correspondant au moindre déblai.*

Soit *abcdef*, *fig.* 5, la ligne de moindre section, toujours donnée sur le plan par le tracé des lignes de niveau;

Soit encore *aceg* la ligne tracée suivant la moindre longueur, également donnée sur le plan.

On peut supposer le terrain décomposé en parties, telles que *abc*, *ced*, etc.; considérons à part l'une de ces parties.

Soit donc AEBC, *fig.* 6, cette partie; les sections du canal prises aux points A et B se trouvant sur la ligne de moindre section, sont égales entre elles, et à cette moindre section que nous représenterons par A;

Soit encore Y la plus grande section du tracé, dont S est la longueur; le volume des déblais sera représenté par $\dfrac{(Y+A)S}{2}$; la condition du *minimum* donnera

$$(Y+A)\,dS + S\,dY = 0, \text{ ou } \frac{dY}{Y+A} + \frac{dS}{S} = 0.$$

La forme de la ligne S n'étant jamais assez déterminée pour que l'on puisse en avoir l'expression analytique exacte, on doit sentir que l'équation précédente ne
peut se résoudre que par approximation, et au moyen
de quantités connues prises sur un plan suffisamment
exact ; mais on peut faciliter le choix du tracé que l'on
doit faire, en déterminant quelle devrait être la hauteur $y$ au-dessus des chemins de halage de la plus
grande section, pour qu'il y ait égalité entre le volume
des déblais du tracé de plus grande longueur et de
moindre section, et celui du tracé de plus petite longueur et de plus grande section. Dans cette supposi-
tion, on a $AS = \dfrac{(A+Y)L}{2}$, d'où $Y = \dfrac{A(2S-L)}{L}$, Y étant
en général de la forme $a+by+cy^2$, on a, pour déter-
miner la hauteur cherchée, $a + by + cy^2 = \dfrac{A(2S-L)}{L}$.

Supposons $S = 830$ mètres, $L = 500$ mètres, que la
section du canal ait 10 mètres de largeur dans le fond,
avec des talus d et $\frac{1}{2}$ de base pour 1 de hauteur ; que les
chemins de halage aient 8 mètres de largeur ensemble,
et des talus extérieurs de $\frac{4}{3}$, on trouvera $A = 13^m.89$.

Supposons encore, conformément aux *fig.* 6 et 7, que
les chemins de halage se prolongent dans la section de
déblai, et que les talus qui leur sont supérieurs soient
inclinés à 45°, on aura $a = 32,88$, $b = 28$, et $C = 1$ ; et
pour déterminer $y$, $y^2 + 28y = -0,66$, d'où $y = 0,03$ ;
c'est-à-dire que, dans la supposition admise, le point
le plus élevé de l'arête à trancher peut se trouver
à $2^m.43$ au-dessus du fond du canal. Si cette condition
est remplie, ou si la hauteur totale de la plus grande
section est moindre que $2^m.43$, il conviendra de préférer le tracé de moindre longueur ; si, au contraire,
l'arête du faîte à franchir est plus élevée que $2^m.43$,

il faudra chercher un tracé intermédiaire qui soit tel, que la valeur de Y soit égale ou plus petite que

$$\frac{A\,(2S - L)}{L}.$$

## Du tracé le plus avantageux.

On a vu, dans la première section de ce mémoire, que le projet le plus avantageux était donné par la plus petite valeur du produit $D^2Lp$, $D$ étant les dépenses nécessaires à l'exécution et à l'entretien d'un projet, $L$ sa longueur, et $p$ le prix de transport par kilomètre. Dans la question qui nous occupe, le prix de transport reste constant et peut se supprimer; les ouvrages d'art restant aussi les mêmes, quel que soit le cube des déblais, il en résulte que la partie variable des dépenses se composera du prix des indemnités et du prix des terrassemens. Si donc $m$ représente le prix du mètre quarré de terrain, et $n$ celui des mètres cubes de terrassement, $X$ la longueur de l'emplacement du canal correspondant à la section Y, et B celle correspondant à la section A, la partie variable des dépenses aura

pour expression $\dfrac{\Big(m\,(X+B)+n(y+A)\Big)\,S}{2}$ ; la quantité $D^2L$, qui doit être un *minimum*, étant alors égale à

$$\frac{S^2\Big(m\,(X+B)+n(y+A)\Big)}{4},$$

on devra avoir $3S^2\,dS\,m\,(X+B)$

$$+\,n\,(Y+A)^2 + 2\,S^3\,m\,(X+B)+n\,(Y+A)(m\,dX+n\,dY)=0,$$

ou simplement $\dfrac{3\,dS}{S} + \dfrac{2\,(m\,dX+n\,dy)}{m\,(X+B)+n\,(Y+A)} = 0$.

La forme de la ligne S n'étant jamais assez déterminée pour que l'on puisse en avoir l'expression analytique, on doit sentir que l'équation précédente ne pourra se résoudre que par approximation, au moyen de substitutions successives et de données prises sur un plan successivement exact.

De même que pour la ligne de moindre déblai, on peut se proposer de déterminer quelle doit être la plus grande profondeur de la tranchée, ou la plus grande valeur que doit avoir $y$, pour que le projet de plus petite longueur et de plus grande section soit aussi avantageux que le projet de plus grande longueur et de moindre section. Cette condition donne

$$(mA+mB)^2 S^3 = \frac{\left(m(X+B)+u(Y+A)\right)^2}{4} L^3,$$

d'où on tire $mX+nY = (nA+mB)\left(2\sqrt{\dfrac{S^3}{L^3}} - 1\right)$, observant ensuite que $Y$ a pour expression $a+by+cy^2$, et que $D$ est alors égal à $b+2cy$; on aura pour déterminer $y$,

$$na+mb+(nb+2mc)y+ncy^2 = (nA+mB)\left(2\sqrt{\frac{S^3}{L^3}}-1\right) \quad (1).$$

Pour faire une application, prenons les mêmes données que pour la ligne de moindre déblai; de plus, observons que $B = 31$ mètres, et supposons $m = 0^{fr}.30$, $n = 0^{fr}.50$; il viendra $y^2 + 29,20y = 54,90$, d'où $y = 1,77$. C'est-à-dire que, dans la supposition admise, le point le plus élevé de l'arête à trancher peut se trouver à $4^m.17$ au-dessus du fond du canal. Si cette condition est remplie, ou si la hauteur de la plus grande section est moindre que $4^m.17$, il conviendra de préférer le tracé de moindre longueur; mais si l'arête à trancher est plus élevée que $4^m.17$, il faudra chercher un tracé intermédiaire qui soit tel que l'équation (1) soit satisfaite; ou, si cela ne se peut, préférer le tracé de moindre section, qui alors sera le plus avantageux.

Les applications de ce qui précède feront donc re-

connaître quand il sera avantageux d'ouvrir une tranchée, et quelle devra être sa plus grande profondeur.

Après avoir terminé ce qui a rapport au tracé des
canaux, on va s'occuper de la forme de leur section,
de la disposition de leurs biefs, et de la hauteur de
chute qu'il convient de donner à leurs écluses.

*§ 4. De la forme à donner à la section d'un canal.*

La section transversale d'un canal a ordinairement
la forme d'un trapèze symétrique, dont la petite base
est inférieure et horizontale, et sert de plafond; les
deux côtés qui représentent les talus ont une déclinaison
qui varie suivant la nature du terrain, depuis 1 jusqu'à
2 de base pour 1 de hauteur. La hauteur de l'eau du
canal est toujours égale à celle du mouillage des bateaux, augmentée d'une certaine quantité, qui est ordinairement de 30 centimètres. Au niveau de l'eau
règne de chaque côté une petite banquette, dont l'objet est d'arrêter les dégradations des talus supérieurs,
qui sont couronnés par les chemins de halage. Les
*fig.* 7 et 8 représentent, l'une la section dont le déblai
est égal au remblai, l'autre une section de canal en
tranchée.

Dans les parties où l'axe d'un canal est une ligne
droite, la largeur du plafond est égale à celle de deux
bateaux; mais, dans les parties courbes, cette largeur
dépend du rayon de courbure et varie avec ce rayon.
Pour la déterminer d'une manière générale, on obser-
vera que, lorsque deux bateaux se rencontrent dans les
parties courbes d'un canal, l'espace libre laissé entre
eux, pour faciliter leur rencontre, est nécessairement
diminué du double de la flèche que donne la courbe de
l'axe sur une longueur égale à celle d'un bateau; il
faut, par conséquent, augmenter la largeur du fond

de cette quantité, si l'on veut que deux bateaux puissent se croiser sans se heurter et sans endommager les talus du canal. (*Voir* la *fig.* 9.)

Pour déterminer l'augmentation de largeur à donner au plafond d'un canal dans les parties courbes, la question la plus générale à résoudre est donc celle-ci : quelle est la valeur de la flèche d'un arc dont le rayon est connu, qui correspond à une longueur donnée.

Soit R le rayon de l'arc, 2R en sera le diamètre ; désignons par $l$ la longueur donnée d'un bateau, et par $f$ la flèche CD que l'on cherche, on aura $\dfrac{l^2}{2} = (2R - f)f$, d'où $R = \dfrac{4f^2 + l^2}{8f}$. (*Voir* la *fig.* 10.)

Des trois quantités $f$, $l$ et R, deux étant connues, la troisième s'ensuivra ; ainsi la longueur $l$ du bateau et le rayon de la courbe étant donnés, on trouvera l'élargissement à donner au canal qui sera toujours égal à $2f$.

Lorsque $l = 24^m.50$ et $R = 500^m.$, on trouve $f = 0.15$, alors l'élargisment doit être . . . . . . . . . . . . . . . . . . . . . . . . . de $0^m.30$
      — $24^m.50$ et $R = 300^m.$, on trouve $f = 0.25$     de $0^m.50$
      $24^m.50$ et $R = 250$         $f = 0.30$     de $0^m.60$
      $24^m.50$ et $R = 150$         $f = 0.50$     de $1^m.00$
      $24^m.50$ et $R = 50$         $f = 1.30$     de $3^m.00$

### § 5. *De la profondeur à donner aux biefs d'un canal.*

Le fond d'un bief, à son extrémité inférieure, peut être au-dessous ou au niveau du terrain. Le niveau du fond à l'extrémité d'aval, une fois bien arrêté, la quantité dont il faut s'enfoncer dans le sol à l'extrémité d'amont du bief est déterminée, et par suite le volume des terrassemens ; mais ce niveau ne doit pas être arbitrairement fixé, et il existe mille circonstances où il peut être déterminé par la condition que les terrassemens du bief soient les moindres possibles. Or, ces terrassemens se composant de déblais et de remblais, leur disposition doit être telle que la somme de leurs volumes soit un *minimum*.

Représentons par ACDB la coupe longitudinale d'un bief, dont la longueur $CD = L$ et la pente $AG = P$.

FEB est le profil des remblais de ce bief, dont la hauteur ED, au-dessus du fond, est constante et égale à $a$.

HK est la ligne suivant laquelle la section du déblai est égale à celle du remblai; nous représenterons la surface de cette section par A.

Soient encore $BD = x$, $KL = b$, faisons $\dfrac{P}{L} = p$, on aura $KD = \dfrac{b - x}{p}$, représentons par Y la section du déblai suivant $AC = x + P$, et par X la section du remblai suivant $EB = a - x$.

Les déblais se comptent dans la partie ACKL, où ils sont plus que suffisans pour former les remblais; mais dans la partie HLBE, on ne compte que les remblais, puisqu'ils sont supérieurs aux déblais; et, qu'après avoir employé ceux-ci, il faut encore compléter les remblais en faisant ce que l'on appelle des *emprunts*.

Le volume des terrassemens aura pour expression

$$\left( \frac{Y + A}{2} \right) \left( L - \frac{b - x}{p} \right) + \left( \frac{X + A}{2} \right) \left( \frac{b - x}{b} \right).$$

qui, toute réduction faite, devient

$$\left( \frac{Y + A}{2} \right) \frac{P}{p} - \left( \frac{Y - X}{2} \right) \left( \frac{b - x}{p} \right).$$

Pour que cette quantité soit la plus petite possible, il faut que l'on ait

$$P \frac{dY}{dx} - \left( \frac{dY}{dx} - \frac{dX}{dx} \right)(b - x) + Y - X = o \ (1).$$

La surface des sections de déblais et de remblais étant en général de la forme $lz + mz^2$, on aura

$$Y = \Big(l + m(x+P)\Big)(x+P), \text{ d'où } \frac{dY}{dx} = l + 2m(x+P)$$

$$\text{et } X = \big(l' + m(a-x)\big)(a-x), \text{ d'où } \frac{dX}{dx} = -l' - 2m'(a-x).$$

Substituant, faisant les réductions convenables, et observant que

$$lb + mb^2 = \big(l' + m'(a-b)\big)(a-b) = A,$$

on arrive à

$$3(m'-m)x^2 - 2(l + 2mP + l' + 2m'a + m(P-b) + m'b)x$$
$$= 2(lP + mP^2) - 2(l'a + m'a^2) + m(P-b)^2 - mb^2 \quad (2),$$

équation que nous mettrons momentanément sous cette forme,

$$x^2 - \frac{2R}{3(m'-m)} = \frac{F}{3(m'-m)} \text{ et de laquelle nous tirerons}$$

$$x = \frac{R}{3(m'-m)} - \frac{\sqrt{R^2 + 3(m'-m)F}}{3(m'-m)}.$$

Arrêtons-nous quelques instans sur les différens changemens que peut éprouver cette valeur de $x$; remarquons d'abord que $m'$ étant le rapport de la somme des bases des deux talus de chaque digue de remblai à leur hauteur commune, et $m$ étant le rapport d'un talus de déblai à sa hauteur, on a nécessairement $m' > m$; par conséquent, tant que $F$ sera positif, la valeur de $x$ sera nécessairement négative, elle deviendra nulle lorsqu'on aura $F = 0$, et positive lorsque $F$ sera négatif. La plus grande valeur de $x$ sera donnée par la supposition de $P = 0$, et cette valeur sera toujours $x = b$; par conséquent, les valeurs positives de $x$ seront toujours comprises entre $x = 0$ et $x = b$, et $x$ positif ne pourra jamais être plus grand que $b$,

tandis que ses valeurs négatives croîtront avec les valeurs positives de F qui sont susceptibles d'être aussi
grandes que l'on voudra : or , il faut éviter d'établir le
fond d'un canal au-dessus du sol , car les ouvrages qu'il
faudrait faire , les précautions qu'il faudrait prendre
pour rendre le lit du canal imperméable , coûteraient
plus que la faible diminution que l'on pourrait obtenir
dans le volume des terrassemens. $x = o$ est donc une
limite qu'il convient de ne pas dépasser , et il faut se
borner aux valeurs comprises entre cette limite et
$x = b$.

Il reste maintenant à reconnaître si la valeur de $x$
donnée par l'équation (1), correspond à un *minimum*
ou à un *maximum*, pour cela il faut chercher ce que
devient la quantité

$$P \frac{d^2Y}{dx^2} - \left(\frac{d^2Y}{dx^2} - \frac{d^2X}{dx^2}\right)(b-x) + 2\left(\frac{dY}{dx} - \frac{dX}{dx}\right).$$

Or, $\frac{d^2Y}{dx^2} = 2m$, et $\frac{d^2X}{dx^2} = 2m'$ , substituant dans
l'expression ci-dessus, elle devient $l + 2mP + l' + 2m'a$
$+ m(P-b) + m'b - 3(m'-m)x$ ( 3 ) , tant que $x$ sera
nul ou négatif, la quantité (3) sera positive et la valeur
de $n$, donnée par l'équation (2) , correspondra à un
*minimum* ; si $x$ devient positif, la quantité (3) restera
positive , tant que l'on aura $x < \frac{R}{3(m'-m)}$ , et cette condition sera toujours remplie si l'on prend le radical avec
le signe —.

*Application.* Lorsqu'un canal est à grande section
on lui donne ordinairement $10^m.00$ de largeur de plafond , et une petite banquette de $0^m.30$ de chaque côté
au niveau de l'eau, les talus intérieurs ont un et demi
de base sur un de hauteur, et les talus extérieurs quatre

de base sur trois de hauteur ; enfin, on donne aux chemins de halage $6^{m}.00$ de largeur d'un côté, et $3^{m}.00$ de l'autre.

Lorsqu'un canal est en grande section, on a donc $l = 10.60$, $m = 1.50$, $l' = 9^{m}.00$, et $m' = 2^{m}.83$, on a de plus $a = 2.40$, car les chemins de halage sont ordinairement établis à $2^{m}.40$ au-dessus du fond, avec ces dimensions on trouve $b = 1.20$.

En substituant ces différentes valeurs dans l'équation générale, elle devient $x^2 - 2 \, ( 8.71 + 1.12 \, P ) \, x = 1.12P^2 + 4.41P - 19.47$.

La valeur de P correspondant à $x = 0$ est donnée par $1.12P^2 + 4.41P - 19.47 = 0$ d'où $P = 2.64$ ; par conséquent, lorsqu'un bief a plus de $2^{m}.64$ de pente, il n'est pas avantageux de s'enfoncer dans le sol à son extrémité d'aval.

Les différentes valeurs positives de $x$, comprises entre $P = 0$ et $P = 2.64$, sont les suivantes :

| | |
|---|---|
| $P = 0$ donne $x = 0.20$ | $P = 1.50$ donne $x = 0.51$ |
| $P = 0.50 \qquad x = 0.97$ | $P = 2.00 \qquad x = 0.29$ |
| $P = 1.00 \qquad x = 1.74$ | $P = 2.50 \qquad x = 0.06$ |

Lorsqu'un canal est à petite section, on lui donne ordinairement $5^{m}.00$ de largeur de plafond, et une petite banquette de $0^{m}.30$ de chaque côté, au niveau de l'eau ; les chemins de halage sont établis à $2^{m}.40$ au-dessus du fond, et ont $4^{m}.00$ de largeur d'un côté, et $2^{m}.00$ de l'autre ; l'inclinaison des talus reste la même que pour un canal à grande section, on a donc $l = 5^{m}.60$, $m = 1.50$, $l' = 6^{m}.00$, $m' = 2.83$, $a = 2.40$, et on trouve $b = 1.35$.

En substituant ces différentes valeurs dans l'équation générale, elle devient $x^2 - 2 \, ( 6.80 + 1.12 \, P ) \, x = 1.12P^2 + 1.78P - 12.20$, la valeur de P correspondant à $x = 0$ est donnée par $1.12P^2 + 1.78P - 12.20 = 0$, d'où P = 2.60 ; par conséquent, lorsqu'un bief a plus de $2^m$.60 de pente, il n'est pas avantageux de s'enfoncer dans le sol à son extrémité d'aval.

Les différentes valeurs positives de $x$, comprises entre P = 0 et P = 2.60, sont les suivantes :

| | | |
|---|---|---|
| P = 0 donne $x$ = 1.35 | | P = 1.50 donne $x$ = 0.42 |
| P = 0.50 $x$ = 0.97 | | P = 2.00 $x$ = 0.23 |
| P = 1.00 $x$ = 0.61 | | P = 2.50 $x$ = 0.04 |

Remarquons maintenant que les écluses ayant rarement moins de $2^m$.00 de chute, lorsqu'un bief est établi sur un terrain incliné, il ne doit pas avoir moins de $2^m$.00 de pente, et les profondeurs, dont il faut s'enfoncer dans le sol à son extrémité d'aval, sont alors de $0^m$.29 ou de $0^m$.23 suivant que le canal est en grande ou en petite section.

Nous conclurons de ce qui précède que, pour les biefs dont la pente est moindre que $2^m$.60, il convient d'établir le fond du canal au-dessous du niveau du sol vers l'extrémité d'aval ; mais que pour les biefs dont la pente est plus considérable que $2^m$.60, il convient que le fond de chaque bief rencontre le sol à son extrémité d'aval.

§ 6. *De la hauteur à donner aux chutes des écluses.*

Lorsqu'une partie de canal traverse un terrain dont la pente est sensiblement uniforme, elle peut être partagée en un plus ou moins grand nombre de biefs, et la pente totale être rachetée par un plus ou moins grand nombre d'écluses.

Parmi les différentes combinaisons de biefs et d'écluses que l'on peut faire, il en est une qui convient mieux que toute autre à l'économie générale du projet, c'est celle qui doit être adoptée lorsqu'on est parvenu à la trouver. Je vais exposer les recherches que j'ai faites sur cet objet, et les différens résultats auxquels j'ai été conduit.

Soit *af* la section d'un terrain à pente sensiblement uniforme, prise sur l'axe d'une partie de canal qu'il s'agit de partager en plusieurs biefs dont le nombre soit tel que la somme des dépenses en terrassemens et écluses soit un *minimum*.

Faisons la longueur totale $af = L$, et représentons par P la différence de niveau entre les points *a* et *f*.

Appelons $z$ la longueur de chaque bief, $n$ leur nombre, $y$ la pente de chacun, et conservons d'ailleurs la même notation que dans la question précédente.

Les terrassemens d'un bief auront pour expression $\left(\dfrac{Y+A}{2}\right)\left(z-\dfrac{b-x}{p}\right)+\left(\dfrac{b-x}{p}\right)\left(\dfrac{X+A}{2}\right)$, les terrassemens des $n$ biefs seront $\left(\dfrac{Y+A}{2}\right)nz-\dfrac{n}{p}(b-x)\left(\dfrac{Y-X}{2}\right)$ et si l'on observe que $nz = L$, que $ny = P$, et que $p = \dfrac{P}{L}$, l'expression précédente deviendra

$$\frac{L}{2}\left((Y+A)-\frac{(b-x)}{y}(Y-X)\right).$$

Si l'on représente par $q$ le prix du mètre cube de terrassement, le prix des déblais et remblais sera

$$q\frac{L}{2}\left(Y+A-(b-x)\left(\frac{Y-X}{y}\right)\right).$$

Maintenant, admettons que le prix d'une écluse, dont la hauteur de chute est $y$, puisse être représenté par $C+Dy$, ce qui revient à supposer que le prix des écluses augmente uniformément de la quantité D par mètre de chute, supposition qui, dans les limites comprises entre $1^{m}$. et $4^{m}.00$, est suffisamment exacte.

$n(C+Dy)$ sera la dépense nécessaire à la construction de toutes les écluses, et comme on a $ny = $ P, l'expression de cette dépense devient

$$\frac{\text{PC}}{y} + \text{DP}.$$

L'expression générale de la dépense en écluses et en terrassemens sera

$$\frac{q\text{L}}{2}\left(\text{Y} + \text{A} - \frac{(b-x)}{y}(\text{Y}-\text{X})\right) + \frac{\text{PC}}{y} + \text{D P}.$$

Pour que cette dépense soit la plus petite possible, il faut que sa différentielle soit égale à zéro, différentiant et observant que Y et X sont des fonctions en $y$ et en $x$, on devra avoir $\frac{q\text{L}}{2}\left(\frac{d\text{Y}}{dx} + \frac{\text{Y}-\text{X}}{y} - \frac{b-x}{y}\left(\frac{d\text{Y}}{dx} - \frac{d\text{X}}{dx}\right)\right) dx$

$+ \left(\frac{q\text{L}}{2}\left(\frac{d\text{X}}{dy} - \frac{(b-x)}{y}\left(\frac{d\text{Y}}{dy} - \frac{d\text{X}}{dy}\right) + \left(\frac{b-x}{y^2}(\text{Y}-\text{X})\right) - \right.$

$- \frac{\text{P}c}{y^2}\right) dy = 0.$

Mais $x$ et $y$ étant deux variables indépendantes, l'équation précédente ne pourra être satisfaite qu'autant qu'on aura séparément,

$$\frac{d\text{Y}}{dx} + \frac{\text{Y}-\text{X}}{y} - \frac{(b-x)}{y}\left(\frac{d\text{Y}}{dx} - \frac{d\text{X}}{dx}\right) = 0, (1), \text{ et } \frac{q\text{L}}{2}\left(\frac{d\text{Y}}{dy}\right.$$

$$- (b-x)\left(\frac{d\text{Y}}{dy} - \frac{d\text{X}}{dy}\right) + \left(\frac{b-x}{y^2}\right)(\text{Y}-\text{X}) - \frac{\text{P}c}{y^2} = 0, (2).$$

La première de ces conditions exprime, comme on devait le prévoir, que dans chaque bief le volume des terrassemens doit être un *minimum*.

Si l'on voulait conserver à ces équations toute leur généralité, et avoir la valeur qu'il est quelquefois convenable de donner à $x$, alors il faudrait combiner l'équation (1) en $x$ et $y$ avec l'équation (2), également en $x$ et $y$, ou, ce qui revient au même, construire les courbes que ces équations représentent, et chercher leurs points d'intersection, dont les coordonnées donneraient la solution de la question.

Mais si l'on suppose *à priori* $x=0$, ce qui ne peut avoir aucun inconvénient lorsque les écluses auront plus de 2 mètres de chute, alors X devient constant et égal à B et $d\text{X}=0$, et l'équation (2) pourra se résoudre immédiatement ; elle devient d'abord $\dfrac{d\text{Y}}{dy}(y-b)+\dfrac{b}{y}(\text{Y}-\text{X})=\dfrac{2\text{P}c}{q\text{L}y}$, dans laquelle $\text{Y}=ly+my^2$, et $\dfrac{d\text{Y}}{dy}=l+2my$ ; substituant et faisant les réductions il restera $y^3+\dfrac{l-mb}{2m}y^2=$

$$=\frac{\text{P}}{\text{L}\,q}\times\frac{\text{C}}{m}+\frac{\text{B}b}{2m}\quad(3).$$

Si l'on eût supposé d'abord $x=0$, on serait parvenu directement à cette équation d'une manière beaucoup plus simple ; mais on a préféré conserver à la question toute sa généralité.

Il reste maintenant à reconnaître si la valeur de $y$, que donnera l'équation (2), correspondra à un *minimum* ; pour cela il faut chercher ce que devient la quantité $d\left(\dfrac{q\text{L}}{2}\left(\dfrac{d\text{Y}}{dy}-\dfrac{(b-x)}{y}\left(\dfrac{d\text{Y}}{dy}-\dfrac{d\text{X}}{dy}\right)+\left(\dfrac{b-x}{y^2}\right)(\text{Y}-\text{X})\right)-\dfrac{\text{PC}}{y^2}\right)dy$, lorsque $x=0$, X est constant et égal à B ; en sorte que la différentielle seconde se réduit à $\dfrac{d^2\text{Y}}{dy^2}\left(1-\dfrac{b}{y}\right)+\dfrac{2b}{y^2}\dfrac{d\text{Y}}{dy}-\dfrac{b}{y^3}(y-\text{B})+\dfrac{\text{PC}}{y^3}$ ; mais $\text{Y}=ly+my^2$, $\dfrac{d\text{Y}}{dy}=l+2my$, et $\dfrac{d^2\text{Y}}{dy^2}=2m$ ; substituant dans l'expression précédente, elle se réduit à $2m+\dfrac{bm}{y}+\dfrac{bl}{y^2}+\dfrac{b\text{B}+\text{PC}}{y^3}$, dont tous les termes sont positifs tant que $y$ le sera. Par conséquent, les valeurs positives de $y$, données par l'équation (3), correspondront toutes à des *minima*.

*Applications.* Nous avons vu précédemment que dans les canaux à grande section on prend $l = 10.60$, $m = 1.50$; quant à la section du remblai, quand les chemins de halage ont ensemble 9 mètres de largeur, on a $B = 37^m.89$, et $b = 1.20$.

Dans les canaux à petite section, on prend ordinairement $l = 5^m.60$, $m = 1^m.50$; lorsque les chemins de halage ont ensemble une largeur de 6 mètres, alors $B = 30^m.72$ et $b = 1.35$.

Le prix $q$ des terrassemens est ordinairement compris entre 0.40 et 0.80; il ne reste donc plus à déterminer que la valeur de C. Pour y parvenir, nous allons former les prix de deux écluses, l'une de 2 mètres, et l'autre de 3 mètres de chute, dans le système de grande et de petite navigation.

| Désignation des dépenses et capitaux qui constituent le prix d'une écluse. | SYSTÈME de grande navigation. | | SYSTÈME de petite navigation | |
|---|---|---|---|---|
| | Écluse de 2 mètres de chute. | Écluse de 3 mètres de chute. | Écluse de 2 mètres de chute. | Écluse de 3 mètres de chute. |
| | fr.   c. | fr.   c. | fr.   c. | fr.   c. |
| Maçonnerie de l'écluse. . | 33,372 72 | 42,238 16 | 20,623 84 | 24,561 84 |
| Portes d'amont et d'aval. | 5,618 16 | 6,879 66 | 2,800 00 | 3,400 00 |
| Ouvrages accessoires. . . | 5,923 63 | 5,923 63 | 2,202 40 | 2,202 40 |
| Maison de l'éclusier. . . | 3,610 96 | 3,610 96 | 3,610 96 | 3,610 96 |
| Épuisemens et frais imprévus. . . . . . . . . | 3,800 00 | 3,900 00 | 1,200 00 | 1,300 00 |
| Capital pour l'entretien de l'écluse et le salaire de l'éclusier. . . . . . . | 12,000 00 | 12,000 00 | 10,000 00 | 10,000 00 |
| TOTAUX. . . . . | 64,325 57 | 74,552 41 | 40,437 20 | 43,075 20 |

La différence des deux premiers prix, pour 1 mètre de hauteur de chute, est par conséquent de $10,226^f.84$; et l'écluse dont la chute serait nulle devrait valoir, dans le système de la grande navigation, $43{,}871^{\text{fr}}\,89$; c'est la valeur de C que nous cherchions, et, dans le système de petite navigation, cette valeur de C se réduirait à $31{,}161^{\text{f}}.20$.

Substituant ces différentes valeurs dans l'équation (3), elle devient, pour le système de la grande navigation,

$$y^3 + 2.93 y^2 = \frac{P}{Lq}\, 29247^{\text{fr}}.26 + 15.13,$$ et pour le système de la petite,

$$y^3 + 1{,}19 y^2 = \frac{P}{Lq}\, 20740.80 + 13.82.$$

En donnant successivement à $\dfrac{P}{L}$ des valeurs comprises entre $\frac{1}{2000}$ et $\frac{1}{100}$, et faisant varier en même temps le prix des terrassemens entre 0.40 et 0.80, qui sont les limites des prix ordinaires, on parvient facilement à former le tableau suivant :

| PENTE par kilom. | SYSTÈME DE PETITE NAVIGATION. | | | | | SYSTÈME DE GRANDE NAVIGATION. | | | | |
|---|---|---|---|---|---|---|---|---|---|---|
| | Prix des terrassemens. | | | | | Prix des terrassemens. | | | | |
| | 0.40 | 0.50 | 0.60 | 0.70 | 0.80 | 0.40 | 0.50 | 0.60 | 0.70 | 0.80 |
| | Hauteur des chutes. | | | | | Hauteur des chutes. | | | | |
| 0.40 | 2.90 | 2.81 | 2.72 | 2.63 | 2.53 | 2.79 | 2.67 | 2.55 | 2.42 | 2.30 |
| 0.60 | 3.15 | 3.04 | 2.93 | 2.82 | 2.70 | 3.08 | 2.94 | 2 80 | 2 66 | 2 52 |
| 0.80 | 3.40 | 3.27 | 3.14 | 3.01 | 2.87 | 3.37 | 3 21 | 3.05 | 2.89 | 2.74 |
| 1 00 | 3.67 | 3.51 | 3.36 | 3.21 | 3.05 | 3.66 | 3.49 | 3 32 | 3.15 | 2 97 |
| 2.00 | 4.52 | 4 31 | 4 10 | 3.89 | 3.6- | 4.60 | 4 37 | 4.13 | 3.90 | 3 66 |
| 4.00 | 5 32 | 5 06 | 4.80 | 4.54 | 4 28 | 5 49 | 5.21 | 4 92 | 4.63 | 4 34 |
| 6.00 | 6.12 | 5 8 | 5.51 | 5.20 | 4.89 | 6 39 | 6 05 | 5 71 | 5.37 | 5 03 |
| 8.00 | 6.92 | 6.56 | 6 20 | 5 85 | 5.50 | -.28 | 6.89 | 6.50 | 6.10 | 5.71 |
| 10 00 | 7.73 | 7.33 | 6.92 | 6.52 | 6.11 | 8.18 | 7.73 | 7.29 | 6.84 | 6.40 |

Ce tableau fait reconnaître que, soit dans le système de la grande ou de la petite navigation, $1^\circ$. il ne peut jamais y avoir avantage à établir des écluses de 2 mètres de hauteur de chute et au-dessous;

$2^\circ$. Que les écluses de 2 à 3 mètres de hauteur de

chute conviennent pour les pentes comprises entre $\frac{1}{1500}$ et $\frac{1}{1700}$ ;

3°. Que les écluses de 3 à 4 mètres de hauteur de chute deviennent avantageuses pour les pentes comprises entre $\frac{1}{1700}$ et $\frac{1}{1000}$ ;

4°. Que pour des pentes au-dessus de $\frac{1}{500}$, il convient de faire usages de sas accolés, si l'eau est assez abondante pour ne pas s'opposer à l'adoption de ce genre d'écluses.

En faisant usage de ces tables, on parviendra à disposer les biefs et les écluses de la manière la plus économique, et le projet qui en résultera n'aura pas à craindre, sous ce rapport, une comparaison désavantageuse avec tout autre.

RÉSUMÉ GÉNÉRAL.

Nous terminerons ce mémoire par le résumé suivant des propositions qu'il renferme.

Dans ce qui précède, nous nous sommes occupé de deux objets distincts : l'un relatif à l'établissement des voies de communication en général ; l'autre relatif à l'établissement des canaux de navigation en particulier.



D'où la division de ce mémoire en deux sections.

Dans la première section, on a présenté les solutions de différentes questions relatives à l'établissement des routes, chemins de fer et canaux.

On s'est d'abord occupé des moyens de reconnaître le projet qui mérite la préférence parmi ceux que l'on peut proposer pour réunir deux points donnés ; à cet effet, on a déterminé le caractère du projet qui doit présenter le plus d'avantages ; puis celui du projet qui présentera le plus d'avantages pour une même dépense. $D$ étant la somme nécessaire pour établir et entretenir une nouvelle voie de communication , L la longueur de cette voie et $p$ le prix de halage ou de traction par tonne et par kilomètre. Le projet qui présentera le plus d'avantages , a pour caractère le moindre produit $DLp$. Le projet qui présentera le plus d'avantages pour une même dépense, a pour caractère le moindre produit $D^2Lp$.

Appliquant ces résultats à la comparaison d'une route , d'un chemin de fer et d'un canal destinés à réunir deux points donnés, on a trouvé , en faisant abstraction de tout droit de péage, que ces trois genres de voie de communication présenteraient autant d'avantages pour une même dépense , si les frais d'exécution et d'entretien du canal ne devaient être que doubles des frais analogues du chemin de fer, et quadruple de ceux d'une route ; mais, dans cette circonstance, le projet de canal serait le plus avantageux et devrait être préféré. On a encore trouvé que ces trois genres de voies de communication présenteraient autant d'avantages , si les frais d'exécution et d'entretien du canal s'élevaient à quatre fois ceux du chemin de fer, et à seize fois ceux de la route ; mais , dans cette supposition , la route présenterait le plus d'avantage pour une même dépense , et devrait être préférée.

Après avoir comparé les avantages des voies de communication de différens genres , on s'est occupé de la comparaison des différens projets d'un même genre de voie. Ainsi, quand il s'agit d'une ligne navigable à établir dans une vallée, elle donne généralement lieu à cinq projets différens ; car on peut rendre la rivière navigable, établir un canal latéral sur chacune de ses rives , où seulement un système mixte composé de parties de rivière et de parties de canal. Si l'on prépare avec soin , pour chacun de ces projets , les trois élémens D, L, *p*, il devient facile de déterminer le rapport de leurs avantages. En 1823, on a fait dans la vallée de l'Aisne un travail de ce genre, pour déterminer le projet le plus avantageux de la ligne navigable que l'on était sur le point d'établir : les résultats de ce travail n'ont malheureusement pu être pris en considération, et le projet, que des considérations d'ordre militaire ont obligé à adopter, est désavantageux sous bien des rapports.

Lorsqu'une ou plusieurs communes désirent exercer une certaine influence sur la direction d'une nouvelle voie de communication, il est juste de faire contribuer à la dépense les nouveaux intéressés ; on s'est donc occupé des moyens de déterminer cette contribution, et l'on a trouvé que, lorsqu'il s'agit d'une route, le montant de la somme à fournir par les intéressés était toujours supérieur au double de l'augmentation des dépenses causées par les modifications apportées au projet primitif.

Puis on a cherché dans quelle circonstance il convenait de préférer un canal en petite section à un canal en grande section ; et on a trouvé que, lorsque les deux projets présentent autant d'avantages pour la même dépense, le canal en grande section est préférable ; mais l'inverse a lieu lorsque les avantages des deux projets sont égaux.

Enfin, on a cherché à reconnaître quand, dans un projet de canal, il convient de remplacer un contour par une tranchée ou par un souterrain ; et quand, dans une rivière navigable, il convient de remplacer un contour par un redressement ou par une partie de canal ou dérivation.

On a terminé cette première section en faisant observer, qu'en suivant la même marche, on déterminerait facilement quand il convient de faire une rectification importante à une route par une tranchée ou par un souterrain, quand il est avantageux dè remplacer une côte à forte pente par un contour en pente douce, etc.

Dans la deuxième section on a d'abord exposé quelques considérations générales sur les canaux ; ainsi, on a rappelé la distinction établie entre les canaux à point de partage et les canaux latéraux, en faisant toutefois observer que les canaux à point de partage étaient toujours formés par la réunion de deux canaux latéraux dont les pentes sont opposées.

2e. section relative à l'établissement des canaux de navigation.

Puis on a donné les moyens de reconnaître l'inflexion du faîte qu'il convient de préférer pour y établir le point de partage d'un canal ; on a ensuite déterminé le volume d'eau nécessaire à l'alimentation du bief de partage, et indiqué les moyens de se le procurer.

Passant de là aux détails du projet d'un canal, on a remarqué que le tracé, ou la ligne que doit suivre l'axe, dépend de deux élémens, la longueur et la section ; d'où résultent deux modes de tracer un canal, l'un en se donnant la section de moindre déblai, et déterminant la longueur d'après la forme du terrain ; l'autre en se donnant la moindre longueur, et déterminant la section d'après la forme du terrain. La direction du tracé de moindre déblai ne se confondra qu'accidentellement avec l'une ou l'autre des deux directions dont il vient d'être question, et sera généralement intermédiaire ; enfin, le tracé le plus avantageux ne sera pas toujours le tracé de moindre déblai.

Après avoir ainsi considéré le tracé d'un canal, et donné les moyens de l'effectuer, on a déterminé la largeur qu'il convient de donner à la section dans les parties courbes, et la profondeur à laquelle il faut établir le fond d'un bief à son extrémité d'aval, pour que le cube des terrassemens soit le moindre possible. A ce sujet on a fait observer que, lorsque le terrain sur la longueur d'un bief a plus de $2^m.60$ de pente, le fond du canal, à son extrémité d'aval, doit se trouver au niveau du sol.

Enfin, on a remarqué qu'il existe sur un tracé donné, dont la pente est connue, une disposition de biefs et d'écluses qui est telle, que la somme des dépenses en terrassemens et écluses est un *minimum*, et l'on a donné le moyen de déterminer l'écluse de plus grande chute qui convient à une pente donnée. On a ainsi reconnu qu'il ne pouvait jamais y avoir avantage à établir des écluses de 2 mètres de hauteur de chute et au-dessous, que les écluses de 2 à 3 mètres de chute conviennent pour des pentes comprises entre $\frac{1}{2500}$ et $\frac{1}{1700}$; enfin, que les écluses de 3 à 4 mètres de chute deviennent avantageuses pour des pentes comprises entre $\frac{1}{1700}$ et $\frac{1}{1000}$.

Tels sont les résultats auxquels je suis parvenu dans les recherches que j'ai faites sur l'établissement des voies de communication en général, et sur les canaux de navigation en particulier.

Si l'on trouve ces résultats d'une application facile et toujours avantageuse, j'aurai atteint le but que je me suis proposé.

Lyon, ce 11 août 1833.

# TABLE.

FIN DE LA TABLE.

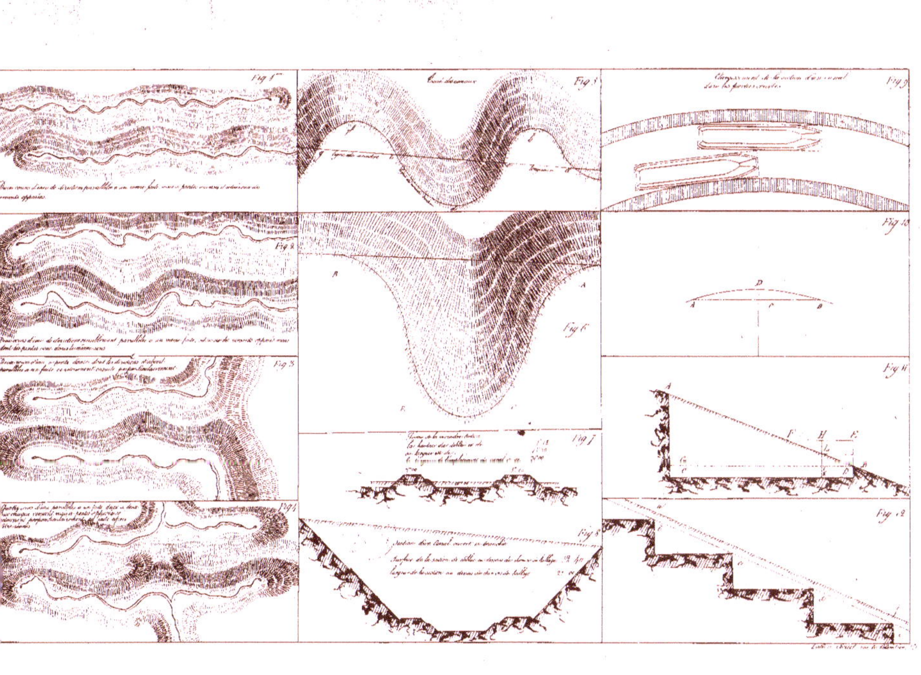

Fig 5
Fig 6
Fig 9
Fig 10
Fig 11
Fig 12
Fig 2
Fig 3
Fig 7
Fig 8